윤승호 시집

숲에서

김진묵
작엽실

늘 그리운 어머니께 드립니다

윤승호 시집 숲에서

□ 차 례

늦잠을 자고 일어나　15
첫눈　16
들녘에서　17
모기약을 뿌리며　18
축복　19
어느 날 문득　20
봄날은 간다　21
칼　22
겨울 단상　23
부처님 오신 날　24
숲에서　25
술 마실 시간　26
선거　27
괜찮은 생각　28
마지막 청구서　29
사다리에서 떨어진 날　30
아침 뜰에서　31
가을비　32

윤숭호 시집 숲에서

오늘 하루	33
사랑	34
취중별곡	35
나이테	36
늦은 조문	37
여름밤	38
어느 날 저녁	39
I am F	40
꼰대	42
우리별 사용지침서	43
몽상 유감	44
까치밥	45
장마	46
장마 2	47
왜냐고	48
반달	49
물에 빠졌다 나온 자의 버킷리스트 No.1	50
똥개	51

윤숭호 시집 숲에서

흰 고무신을 신고   52
패랭이꽃 화분   53
일본   54
취중처벌가중법   55
우리들 사는 일이   56
버스   57
나는 오늘도 비굴했다   58
라디오   59
팀파니   60
길   61
동병상련   62
쇼팽   63
소주유감   64
하얀 운동화   65
코로나19   66
안경   67
가을   68
응급실   69

윤숭호 시집 숲에서

어떤 새벽 70
타임아웃 71
환갑 72
다시 가을이 오고 73
약속이 있었다 74

□ 아내가 간직한 시

봄 79
시영 아파트 80

□ 끝머리에

아버지, 어머니 혹은 하늘이라는 이름의 그림자 / 김진묵 85
책을 맺으며 / 윤숭호 89

숲에서

너무 멀리 왔구나

길은 끝을 모르고
나는 길을 모르고

늦잠을 자고 일어나

비가 왔었군요
장독 뚜껑에 빗물이 고였습니다
개울물 소리는 굵어졌고
산봉우리들은
간밤에 젖은 뭉게구름을
저마다 몇 채씩 펼쳐 말리고 있습니다
연꽃잎 한 장을 떼어
아침 차를 우려내는 동안
산들바람 패거리가
졸고 있는 고양이 콧등을
살짝 건들고 갑니다

첫눈

죽거나
또는 애써 지워서 사라진 흔적들
눈이 오면
고스란히 다시 선명해지는
옛날은 그런 것이었구나
어제를 겨우 도망 나온
오늘의 새 슬픔이었구나

들녘에서

아는 이의 얼굴은 없었다
아는 노래도 아니었다
사는 일은 늘 그랬다

몇 개의 시절에 담긴 젊음은 짧았다
대부분 어리석거나 또는 지루했다
무심코 넘은 이름 모를 언덕처럼
지난날은 낯선 길 위에 떨어진
나뭇잎 정도였을까
그 길에 부는 바람의 방향에
무슨 소중한 뜻이 있었으랴
기억해 봐
온 길을 되돌아간 적이 몇 번이나 있었는지

너무 멀리 왔구나
돌아갈 수 있을까
벌써 해 저무는데

모기약을 뿌리며

모든 문과 창은 다 닫았다
한 번에 끝내야 한다
치이이익 −

아우슈비츠가 그랬겠구나

축복

살아있다는 것은
움직이는 동물이나
또는 한 자리에 박혀 사는 나무나 풀이
한동안의 시간을 우주와 공유한다는 것일 텐데
살아있는 것들이 살기 위해
서로 싸워야 하는 것이 살아있는 것들의 숙명이라면
나도 은근히 싸움에서 이기고 싶어
이제는 살짝 질 수도 있겠다는 엉큼한 생각에
드문 웃음이 터져
얼른 표정을 고치고 창밖을 보니
서설 같은 첫눈이 소복이 내리고 있습니다

어느 날 문득

이 별에 너무 오래 눌러있는 게 아닌지 몰라
여태 돌아갈 생각은 왜 한 번도 안 했는지 몰라
결혼해서 자식 낳고
돈 번다고 쌈박질하다
아! 이 세상 힘들다 힘들다 소주 퍼마시다
그러다 잃어버린 좌표
그 별은 어디쯤일까
밤하늘 모래처럼 뿌려진 그 별은 어디쯤일까
그 별에 벌써 가신 아버지는 잘 도착하셨는지 몰라

봄날은 간다

괜찮다
괜찮다
무엇이 괜찮으셨을까
그러다 저러다 져버린 고운 꽃 한 송이
울 엄마

열일곱 정신대 피해서
전기 없는 시골로 시집가
자식 다섯 낳고
모자란 시누이 조석지변 구박 받다
아버지 몰래 혼자 부르던 노래
열아홉 시절은 황혼 속에 슬퍼지더라 *
봄날은 간다 *
울 엄마

청 노새 짤랑대던 신작로 길로 *
그렇게 떠나가시려나 보다
연분홍 치마 접어두고
요양병원 파자마 입고
새파란 풀잎이 물에 떠서 *
멀리멀리 흘러가시려나 보다
울 엄마

* 옛가요 '봄날은 간다'에서

칼

내가 널 보면 섬찟한 게
내가 목을 가진 탓 이리
너 또한 날 보면 섬찟한 게
내가 목을 가진 탓 이리

겨울 단상

눈이 그치고
그를 태운 막차가 떠난 뒤
나와 외로움은 다시 남았다
담배 간판이 문설주에 세로로 걸린
간이 정류소 형광등 불빛은
몇 번의 이별이 더 남았나 보다
가지가 모두 잘린 초봄의 가로수 마냥
몸뚱이만 우두커니 서서
전신주 옆 땅거미 짙은 골목으로 사라지는
고양이의 뒷모습을 보았다
머지않아 나도 어디론가 스며들어야 할 것이다
밤은 언제나
후회의 끝에서만 돌아오는 탕아의 귀향처럼
말이 없다
지금은 어둠의 점령에 가만히 순응하는 우주의 순한 사물
일 뿐
누구도 따로 나는 없다
다만 밤에도 잠들지 못하는 상처 많은 영혼들은
먼 별처럼 희미하게 깜박이고
가늘게 눈을 뜬 저 달도
허공을 배회할 뿐
딱히 할 일은 없어 보인다
이쯤에서 나도 하루를 내려놓아야겠다
오늘도 생각이 너무 많았다

부처님 오신 날

여태 깨달은 자는
부처님 혼자뿐이라는 말씀이시죠

숲에서

할 일을 모두 마친 나뭇잎들이
땅 위로 내려앉으며
마지막 여정에 비로소 안도한다
도토리 몇 톨이라도 더 챙기려는
다람쥐와 달리
평생을 하루 벌이로 먹고사는 새들은
겨울을 준비하지 않는다
거미줄에 걸린 잠자리가 온 힘으로 퍼득이지만
어제저녁
덩치 큰 나방을 만찬으로 드신 거미는
별 관심이 없다
바람이 점차 거세지자
참나무 끝 황조롱이가
일찍 사냥을 접고 둥지로 돌아간다
키 큰 밤나무 품으로 자꾸 파고드는
어린 떡갈나무는
작년 태풍에 쓰러진 엄마가 아직 그리운가 보다
소나무 가지 사이로
언뜻언뜻 짧은 가을 해가 넘어가고
이제 숲속은 어둠과 적막뿐이다
비가 올련지 모르지만
소쩍새가 우는 새벽까지는
모두들 잠을 좀 자 둘 일이다

술 마실 시간

길어 나면 잘라버리는 머리카락처럼
또는
너무 자주 들어 중간에 꺼버린 음악처럼
한 번 헤어진 것들은 대부분
다시 돌아오지 않았다
인연이 아니었다고
제법 그럴싸한 변명을 붙이고
쉽게 구겨서 버린
수많은 시간의 조각들을 기억한다
산다는 건 언제나
우산에 감춘 몸뚱이처럼
절반쯤은 자책에 젖고
나머지도 그리 온전한 흔적은 아니다
늙은 성직자의 익숙한 권태처럼
느린 발길로 더듬어가는
생의 후렴은
이렇듯 쓸쓸하기 마련인가
그리움이나 허전함만이 이유겠는가만은
아무래도 나는 이제 좀 마셔야겠다

선거

어둠 속에서
쥐새끼들이 또 속삭이기 시작한다

괜찮은 생각

다 내려놓으라고들 하지
가진 거라고는
낡은 꿈 몇 톨
더러 아닌 적도 있지만
이 꿈이라는 녀석은 잘 이뤄지질 않아
해서 이건 그냥 둬도 무방하고
미움
그래 이걸 이참에 탈탈 털어서
내려놓을까 봐
하면
사랑은 모두 덤으로 얻는 거지

마지막 청구서

어머니 돌아가시고
닷새 후에 날아온 요양병원 청구서
일 년 하고 두 달
마지막 달에서 열이틀 살다 가신
울 어머니 이 세상 마지막 월세
새털만큼 가벼운 어머니 몸무게를 닮았을까
321,200원
이 돈 부치고 나면
다시는 없을 울 어머니 청구서
다시는 없을 알량한 아들 노릇

사다리에서 떨어진 날

로데오 경기 야생마처럼
놈이 언젠가 나를 떨어뜨릴 줄 알았어
무르팍을 깨트려 전치 4주의 진단을 받고 보니
나보다 높은 곳은 함부로 오르는 게 아니었어
이제부터
땅바닥에 발바닥 똑바로 붙이고
지금부터 만나는 모든 삼라만상 여러분께
칠성파 똘마니처럼 허리를 바짝 굽혀야겠어
물론이지
보도블록 틈에 낀 풀 한 포기
지나가는 개미나 나비 한 마리에게도
"가내 두루 평안하시죠?"

아침 뜰에서

구름 뒤에 숨어 살짝 다녀가셨군요
보라색 붓꽃은 어제보다 두 배는 많이 피었고
달맞이꽃
바람꽃
라일락도 뜰에 가득합니다
발자국은 없는데
좋아하시는 노래 흥얼거리며
풀냄새 가득한 새벽 뜰에서
어머니 혼자 노닐다 가셨군요
아니고서야 저 많은 꽃들이
어머니 없이 저절로 필 수 있답니까

가을비

이 빗소리 들으며
막 겨울잠 시작한
동굴 속 곰이었으면 좋겠다

오늘 하루

길을 걷거나
지붕 위를 옮겨 다니는 비둘기 떼를 바라보다가
또는
정오를 넘긴 느슨한 시내버스 속 라디오 유행가 가락에
별안간 눈시울이 붉어지는 건
나이 들면 생긴다는 회한 때문일까

바람이 불어
하늘과 마음이 함께 어지러운 날은
그래서 전등불 켜지는 저녁 문턱 넘기가
여간 씁쓸한 것은
세상에 숨 걸고 사는 것들의 익숙한 슬픔이련만

온기 희미한 것들이
가족의 이름으로 모여들고
촛불 몇 개가 나부끼듯
구순한 저녁 한때를 보냈다면
오늘 하루는 그리 헛되지 않았다

내일의 기약이야
늘 허망한
버릇 같은 욕심이려니

사랑

내 어깨에 잠시 머물다
날아가는 나비

취중별곡

땡까땡까 음악도 끝났고
눈치 빠른 녀석들은 모두 사라졌다
바람 빠진 풍선처럼 아무렇게나 찌그러진 취객들은
네온사인이 아직 또박또박 반복해서 깜박이는
낯선 거리로 쫓겨났다

눈보라 속이겠지
어렴풋한 콜롬버스의 좌표를 리콜하고
집이라는 숙명의 베이스캠프를 향하지만
GPS는 알코올성 장애 중

익숙한 증상들이 메들리로 흘러간다
한 시간 넘게 신호등은 왜 파란불을 빼먹지
어제까지 있던 가로수는 누가 다 뽑아버렸나
이 사거리는 어느 동네에서 왔지

아내여
닭이 세 번 울어도 오지 않거든
늘 만나는 그 파출소에서 봐요
김순경 박카스 한 상자 꼭 챙겨서

나이테

말 한마디 없이
속으로만 나이를 먹는
나무의 마음은 둥글기 마련인가

늦은 조문

죽기 전에 꼭
가고 싶은 조문이 있는데
한 곳은 수유리 어디쯤이고
또 한 곳은 파리 근교란다

가면
담고 간 소주 한 병 따 놓고
할 말이 좀 있다는 것이지
따 놓은 술은 나 혼자 마시며
이제는 나도 살아 본 세상
할 말이 좀 있다는 것이지

젊은 날
저 좋아서 빠진 시퍼런 바다에서
허우적이며 외치던 간절한 소망
Captain
My Captain
굳이 따져야 할 당신들이
거기 누워 있다는 것이지

여름밤

이따금씩 구름에 달이 가리우고
풀벌레 소리만 가득한 밤
마셔도 마셔도 더 넓게만 퍼지는
그 푸른 물감

어느 날 저녁

마을로 내려온 바람이
다시 산으로 돌아가고
뒤뜰처럼 고요한 저녁을 맞은 집들은
하나둘 등불이 켜지고
식구들은 어깨를 맞대고
둥글게 밥상에 앉았다

낮 동안 접어 둔 마음을 하나씩 풀자
배춧속같이 순한 얼굴들은
맞춤법 틀린 웃음으로 소란하고
며칠 전 연애를 들킨 누나는 말이 없는데
아버지는
다른 날 보다 소주잔을 더 바쁘게 비우신다

백구 몫으로 상 밑에 챙긴
살코기 몇 조각은
막내의 바지춤에서 파리가 덤비고
오동나무 꼭대기 부엉이는
벌써부터 허술한 닭장 문을 노려보고 있다

땅거미 질 무렵부터
구두코만 비비고 있는
담장 밖 청년은 저녁이나 먹었을까
아무래도 오늘은 누나를 만나지 못할 텐데

I am F

평생 직진만 하라고 배워서 도착한 세상 한복판
면역력이 부실한 인간들이 상하는 데는
긴 시간이 필요치 않았다
슈퍼 옆 김 씨네도 다니던 회사가 결국은 무너지자
"내가 갈까?"
"아냐 내가 갈래"
두어 달 금식 기도 같은 흐느낌 끝에
아내는 아이들을 몰고 친정으로 떠났다
식구들이 떠난 자리에는
아이들이 그리다 만 스케치북
부러진 크레파스 동강들
몇 번인가 장롱 밑에서 먼지떨이로 꺼낸 무지개색 팽이
이런 것들이 식후 30분에 동그라미 그려진 약 봉투들과
엉켜 있고
당선사례로 돌렸을까 무궁화 문양과
명조체 국회의원 이름이 박힌 카퍼 벽시계
그 아래
"하나—두울—셋에 눈 감지 마세요!"
마을 입구 사진관에서 찍은 컬러판 가족사진이
금 테두리 액자에 담겨 걸려 있다.
어제까지도 식구들이 얼굴 비비며 소곤거리던 집이라고

그렇게 우길 필요도 없이 선명한 가족사진조차
더는 힘이 없구나
멀리 하늘에서 왔을까
아님 정부 쪽 높은 양반이 보냈을까
뱀처럼 말쑥한 현실은
이렇게라도 흩어지지 않으면 당신네 가족은
어차피 죽은 목숨이라고
생물 시간에도 배운 적이 없는 세포분열을 확인하고
간다

꼰대

술도 마시기 싫더니
이젠 비가 와도 싫다
어떤 날은 거울도 안 본다
이만하면 청춘 종 친 게 분명한데
이제야 마음이 편한 건 뭐지

우리별 사용 지침서

그러니까
바닷속 물고기
숲속의 나무
산속의 동물 다 잡아먹고
땅속 금가루 쇳가루 모두 빼 먹고
사막 모래 속 기름도 다 빨아먹고
그렇게 이 별 결딴을 내서
다 털어먹고 나면
우주에 이런 별 몇 개 더 없나
지금 눈이 빨갛게 찾고 있으니
찾았다는 소식 오는 대로
새 별로 모두 이사 가기로 하고
우리 살던 이 별은
커다란 종량제 봉투에 담아
우주에 쓰레기로 버리자는 거죠
그런 거죠

몽상 유감

간밤 내 꿈을 다녀간
무수한 인간과 짐승과 바람과
어제보다 백배는 더 큰 새로운 천체

아버지의 꾸지람은
아직 유효합니다

나는 한 번도
구름에서 내린 적이 없습니다

까치밥

감나무 꼭대기 서너 개의 홍시는
까치밥으로 남겨 두듯
마음속에도
그런 열매 몇 개는 남겨 둘 일이다
기다리던 새가 아니어도
이름 모를 새들이 모여들고
겨울이 보낸 바람이 서늘한
가을은 충분히 찬란하다
오셨거든
어느 왕실의 호사인양
붉게 익은 마음을
보석처럼 천천히 쪼아 드시라
행여 목이 메이거든
물병 가득 채워 둔 가을 하늘도
푸른 물들지 않게 몇 모금 하시고

장마

말이 헛나왔다
비 마시게
또 술 온다

장마 2

일 년을 참았습니다
하루
이틀
사흘
보름을 울었습니다
아무리 울어도 캄캄한 밤
아무도 돌아오지 않았습니다

왜냐고

나는 쇼팽이 좋아
왜냐고
들어봐

나는 베토벤이 좋아
왜냐고
들어봐

나는 스트라빈스키가 싫어
왜냐고
들어봐

나는 벨라 바르톡을 몰라
왜냐고
들어보지 않았거든

반달

얼음꽃 같은 별빛 사이로
행여 댕기꼬리라도 걸릴까
버선발 조심 조심
어찌나 애를 쓰셨는지
오늘 밤 달님 얼굴이 반쪽이네

물에 빠졌다 나온 자의 버킷리스트 No.1

주머니에서 나온 젖은 성냥 한 갑
어떻게든 이걸로 불을 피워
해 떨어지기 전에
몸도 마음도 말려야 한다

똥개

너도 먼 조상이 그리운 게로구나
보름달 훤한 밤 마을 앞집 누렁이가 밤하늘을 향해
긴 늑대 울음을 운다
겨울 산을 뒤져 노루며 토끼를 몰아
오독오독 뼈를 분질러 씹던
무리들의 비린내 나는 달밤의 만찬이 그리운 게다
밤을 새워 울어도
철물점 오천 원짜리 쇠사슬을 벗어날 재간은
너에게는 없어 보인다
절망은 생각보다 가까이 있구나
다시는 개로 태어나지 말자는 너의 피맺힌 다짐이
어느 신에게로 연락이 닿을지 나는 모른다
무심한 주인이 떠다 놓은
찌그러진 양은 냄비 속 수돗물에는
정안수 인양 보름달이 떠 있구나
냄비 속의 보름달은 여름도 전에 벌써 토실 하구나

흰 고무신을 신고

아버지가 주무시는
별채 아궁이에
장작개비 몇 개를 밀어 넣고
홀로 새벽 언덕에 오르면
굴뚝을 빠져나온 연기는
대나무숲에 잠시 머물며
안갯속 풍경을 만들다가
여명의 하늘로 천천히 사라진다
띄엄띄엄
여태 밤을 새운 소쩍새가 울고
언제 왔는지 잠귀 밝은 백구는
서너 걸음 앞서 이슬을 털고 있다

패랭이꽃 화분

세상에서 가장 작은 영토
하나 가득 꽃을 피워 놓고
봄과 태양을 불러들인
너희 나라는 위대하다
염려 마라
이웃집에 칼질이나 하는 징기스칸 따위는
너희 왕국을 모른단다

일본

이젠
때린 놈이 맞을 차례

취중처벌가중법

소주 한 병이면 물 잔으로 딱 두 잔
이거면 하루 동안의 구역을 씻는
정신머리 양치용으로 충분하다
9시 뉴스는 아무렇게나 펼친 삼국지 대목처럼
언제나 난잡하고
웬 나쁜 놈들은 또 그리 많은지
익숙한 취기는
놈들에게 터무니없이 과분한 면죄부를 남발하기도 하지만
아무리 봐도 인간이 아닌 놈들에겐
'취중처벌가중법'에 의거
형량을 몇 곱으로 올리거나
가끔은 즉결 처분도 단독 집행한다
이만하면 의심의 여지 없이
안중근 의사급 인물이 분명하련만
11시 무렵이면
어김없이 이빨 닦고 자라고 소파에서 끄집어 내리는
내 아내는
조선총독부가 보낸 스파이가 분명하다

우리들 사는 일이

천성이 순한 사람은
조용히 흘러가는 시냇물을 닮았습니다
하얀 낮달이 엄마처럼 내려다보는 하루는 길었습니다
해지는 여울목은 아름다웠습니다
머물면 정든다
정들면 못 간다
그리운 것은 모조리 제 자리에 남겨두고
굽이굽이 쉬지 않고 오늘을 갑니다

버스

잘 못 타셨습니다
저희 버스는
천국에 가지 않습니다

나는 오늘도 비굴했다

오늘을 헐값에 넘기고 맞은 저녁
아홉 시 뉴스에선
제값보다 더 받겠다고 떼를 쓰다
삶을 망친이 들이 줄줄이다
생활이 하늘이라고
손해 보는 게 남는 장사라고
그런 싱거운 생각 한 조각이면 충분한 것을
가난이나 쓸쓸함은
이미 익숙한 생활의 방편
위대하거나 찬란함을 피하기 위해서만
피맛길을 걷는 건 아니었다
식은 가슴이 편한 걸 알기까지는
나도 발끝 닿지 않는 물길 속을
무던히 허우적였으니

라디오

텔레비전에서 떠들다
면목 없는 놈들은
이제
라디오에서 떠드는구먼

팀파니

1악장 기다리고
2악장 기다리고
3악장 기다리고
4악장 마지막에 세 번 때렸다

길

사람이 부끄러워
사람을 비껴가는 좁은 숲속 길
작은 새 한 무리가 앞서갔습니다

걷거나
날거나
또는 한자리에 박혀 있거나
한세상 살겠다고 꼼지락거리는 것이
더러는 우습기도 하지만
생각하면 모두 안쓰러운 일

살아있는 날들은
갈 길 모르는 길 위에
서성이며 찍은 발자국일까

모르는 길을
모르는 까닭에 가야 하는
길은 끝을 모르고
나는 길을 모르고

동병상련

먼지 낀 인생이 묻는다
와인은 먼지 많은 병이 좋은 거라며

　　　　　(영화 '파이어 월'을 보다가)

쇼팽

나이 서른아홉에 세상 떠나면서
얼마나 젊은 발길 걸렸을까
겨우 소주 맛 알만한 나이에 옥황상제 만나
볼 장 다 본 장끼에
알았노라고
알아먹었노라고
퉁명스런 지장을 찍고
또 얼마나 눈앞이 캄캄했을까
아니지
큰사람 눈에는 다 보인다는
자기 갈 길 애저녁에 다 알았을지 몰라
아니고서야
그렇게도 영롱한 눈물
이 한 많은 별에다
모두 다 뿌려 놓고 갔을까 몰라

소주유감

내가 자주 넘어져
정강이나 무르팍을 깨는 건
티벳 노승이 만차를 돌릴 때
나는 소주 병뚜껑을 돌린 탓이리

하면서도 못내 억울한 속내는
선거철 안철수의 막판 거래처럼
늦은 밤 음침한 곳에서
우주의 중력과 세월의 무게가
슬그머니 야합을 했다는 것이지

뉴턴의 만유인력도
소주와 상관관계는 없어
잡스의 한입 베어 먹은 사과는 있어도
술 취한 사과는 없어
변명이 이 지경에 이르고 보니
아무래도 그만 마셔야겠다

하얀 운동화

비 오는 날은 신지 말라고 하셨어
흙탕물 웅덩이는 모두 피해 걸었지만
하얀 새 운동화는 얼룩투성이

햇빛 좋은 날
엄마는
깨끗이 빨아
빨랫줄에 매달아 말리실 거야

울 엄마 가신 쪽빛 하늘에
길게 그어진
빈
빨랫줄 하나

코로나19

지하의 이승만도 된통 걸렸구나
뭉치면 죽고 흩어지면 산다

안경

안경알이 더러워진 걸 모르고
자꾸만 눈을 비볐더니
눈물이 난다

눈이 억울했던 모양이다

가을

매년 이맘때면
같은 병이 도져
사경을 헤매다 응급실에 실려 간
그 사내는
깡 소주 링거를
가을 내내 맞고서야 겨우 살아났다지

응급실

간판에 불 켜진 것 보고 왔는데
아무도 반기질 않네

어떤 새벽

부정한 마음이었을까
밤새 뒤척이다
피할 겨를도 없이 만난 새벽
순결한 새날은 눈부시게 찬란하고
몸도 마음도 부끄러운 나는
살며시 다시 창을 닫는다

타임아웃

요즘 사람들은 100년도 넘게 산다는데
운동경기에는 다 있는 '타임아웃' 한번 없이
평생을 산다는 게
좀 가혹하다는 생각이 들었다
여러 날 생각 끝에
답이라고 하나 나온 것이 뜻밖에 센 놈이다
그러니까 지구라는 별에 사는 모든 생명에게는
딱 한 번씩 '타임아웃'이라는 것이 있는데
그것이 죽음이라는 것이지
나는 작전타임 같은 것은 이제 필요 없으니
내가 달라고 졸랐던 '타임아웃'을
하늘이나 땅이 없던 일로 해 줄 때까지
날마다 빌기로 했다

환갑

60년을 살았으니
많은 것이 변했다
변하지 않은 것은 딱 하나
여전한 어리석음

-환갑에 붙여

다시 가을이 오고

아무래도
여름은 너무 길었어
늘 투덜거리던 머리로
이제야 하늘을 올려다본다

낮달이 저리 고왔던가

약속이 있었다

흙 속에 손가락 한 마디쯤을 찔러
몇 알씩 강낭콩을 심고
닷새 남짓
머리 위의 흙덩이를 밀고 일어서는
새싹을 보라

매 놓은 염소 한 마리가
한나절 풀을 뜯다간 자리
노란 민들레꽃
각시붓꽃
제비꽃이 지천으로 만발한
화전 밭 아래 양지바른 봄 언덕을 보라

숲속 은밀한 곳
주먹만 한 둥지를 틀고
종일토록 새끼에게 먹이를 물어 나르는
작고 작은 어미 박새의
저 쉬지 않는 몸짓을 보라

한 무리의 바람 패거리를 불러
아무렇게나 엉킨 머리카락을
바늘처럼 가느다란 이파리로

스스스
스스스
곱게 빗질해서
들판으로 내보내는
솔바람 소리를 들어보라

시장 귀퉁이
텃밭에서 기른
엉성한 푸성귀 몇 단을 쌓아 놓고
삼천 원을 외치는 엄마의 등에 업혀
잠든 아이의 종아리를 보라

북쪽을 향해
거대한 비행 대열을 만들었구나
영하의 밤하늘을 며칠이고
끼룩끼룩 날아가는
기러기의 날갯짓을 보라

이제는 버릴 때다
온몸의 이파리는 하나도 남김없이
바람에 날려 보내고

찬바람 드센 겨울 산자락에서
묵묵히 봄을 기다리는 나목을 보라

대나무숲으로
사각사각 눈이 내리고
이따금씩 새가 날아가는 빈 하늘
겨울을 버티는
굴뚝의 느린 연기가 장엄하구나

약속이 있었다
구름은 태양과 노을과
바다는 산과 달과
밤은 별과 꿈과
대지는 나무와 풀과 꽃과
바람은 하늘과 새와
삶은 죽음과
죽음은 삶과
서로 맺은 약속이 있었다
우주의 모든 것이 한 바늘에 꿰인
거대한 가족이라는
무서운 약속이 있었다

□ 아내가 간직한 시

    1. 봄
  2. 시영 아파트

시집을 낸다고 했더니 아내가 오래된 메모 두 장을 내민다.
하나는 스물일곱 그러니까 아내와 연애시절에 쓴 것이고
또 하나는 결혼 이듬해인 서른셋에 쓴 것이다.
두 편 다 어린 날의 푸념들이지만
이걸 40년 가까이 간직한 아내의 속내는 좀 헤아려 볼 일이다.

아내가 간직한 시 - 1

봄

홀로 떠나
어느 아득한 하늘 끝
뱀처럼 차가운 똬리를 틀고
한 뼘 볕에 잠을 청하는
나의 봄은 춥다

-1985년

아내가 간직한 시 - 2

시영 아파트

내가 그리운 것은
무릎이 빠지는 잡목 숲을 건너
물결도 느린 호수가 한눈에 들어오는
양지바른 언덕
한 이 백 평쯤의 땅

그곳에 유행가처럼
그림 같은 오두막 하나 짓고
머리가 뜨겁도록 햇빛을 받으며
부처도 목탁도 없는 땡추처럼
한없이 게으름을 피우며 살고 싶었다

등기 면적 17.8평
엘리베이터도 햇빛도 없는
아현동 고가도로 옆 6층 시영 아파트
맞벌이를 나가는 아내는
꿈보다 잠이 아쉽고
9개월짜리 나의 딸은
올겨울만 네 번째 감기를 앓고 있다

가끔 소주라도 마시면
나의 그리운 것들은
전신주에 매달린 낡은 가로등처럼
바람에 나부껴 깜박이는데

오늘은 일요일
딩동~
딩동~
우윳값은 지난주에 받아 갔는데

도토리처럼 머리를 깎은 어깨 처진 방위병 녀석
이번에도 빠지면 고발을 하겠다며
예비군 훈련 통지서를 쥐여주고 간다

-1991년

□ 끝머리에

아버지, 어머니 혹은 하늘이라는 이름의 그림자
  김 진 묵 (음악평론가 / 김진묵작업실 대표)

책을 맺으며
윤 숭 호

윤숭호 시집 숲에서

아버지, 어머니 혹은 하늘이라는 이름의 그림자

김 진 묵 (음악평론가/김진묵작업실 대표)

나는 군에서 제대하고 복학을 하지 않은 상태였고, 그는 고등학교 졸업을 앞두고 있었다. 음반을 한 장 주었는데 새벽같이 찾아왔다. 밤새 듣고 듣고 또 들었다고 했다. 그런 음악은 처음이라고 했다. 일반인들은 잘 모르는 음악이니 그럴 만도 했다. 우리는 이렇게 처음 만났다. 같이 뒷동산에 올랐다. 매연에 잠긴 도시를 보고 앉았다. 그가 화가 나고 짜증도 나고 걱정도 된다고 했다. 나는 담배를 권하며 말했다. 나도 잘 모르겠어, 그냥 막연한 두려움 같은 것이 있어-. 앞으로 맞이할 삶의 이야기였다.
우리는 매일 만났다. 두려움을 지우려는 것이었을까? 나는 막걸리 잔을 들고 큰 소리로 떠들었다. 그는 끄덕였다. 어느 날, 그가 노트 한 권을 건넨다.

'시(詩)네.'
'몰라. 그냥 썼어.'

시를 쓰겠다는 이에게 세상은 얼마나 아름다운가 아니, 어찌 이리도 야멸찬가. 그는 마주칠 삶의 이중성에 어린 나이에 딴지를 걸고 있었다. 그가 내게 영화 <이지 라이더>를 보여주었다. 미국 히피들이 오토바이로 대륙을 횡단하는 영화였다. 나는 체 게바라가 알베르토 그라나도(Alberto Granado)와 함께 오토바이로 라틴아메리카를 방랑했다고 이야기했다. 우리는 오토바이를 타고 전국을 주유했다. 그림자가 우리를 따라다녔다.

세월이 흘렀다. 나이가 들었다. 나는 음악 평론가가 되었고 그는 음향 전문가가 되었다. 음악과 음향은 한 울타리 친척이 아닌가. 어느 날 그가 시집을 준비하고 있다고 했다. 나는 평생 자잘한 신세 진 걸 갚는다는 명목으로 형 노릇을 한번 하고 싶었다. 시집을 내가 내주겠다는 제안을 까탈스러운 그가 순순히 받는다.

얼마 후 페이지까지 매겨놓은 가제본한 원고가 왔다. 표지만 붙이면 책이다. 쉽게 페이지를 넘기고 싶지 않았다. 반세기를 함께한 그에 대한 예의다. 고요한 밤을 기다렸다. 원고를 펼쳤다. 한편 두 편 … 잔잔한 슬픔이 다가온다. 분노를 넘긴 슬픔이 그의 방식대로 발효되어 있다.

그의 시집을 편집하는데 … 왜 이렇게 아플까? 보이는 것, 좋아하는 것, 그리운 것이 시어(詩語)가 되면 좀 아프긴 하다. 아름다운 세상도 보는 눈에 애정이 담기면 아프게 보이는 것을 모르는 바는 아니다. 시(詩)라는 것이 태생적으로 아픔을 품고 있지만 보이는 것 모두를 아프다고 할 수는 없지 않은가. 그런데 그의 노래는 묘한 아픔을 동반한다. 아버지라는 이름도, 어머니라는 발음까지 아픈 건

뭐지?

시집은 이렇게 시작한다.

    할 일을 모두 마친 나뭇잎들이
    땅 위로 내려앉으며
    마지막 여정에 비로소 안도한다

<숲에서> … 의젓해질 수밖에 없는 나이가 되었다는 고백이다.
그렇게 시작된 노래가

    몇 개의 시절에 담긴 젊음은 짧았다
    대부분 어리석거나 또는 지루했다

<들녘에서> … 회상으로 이어진다. 흰머리가 주는 안정감은 어리석음의 결과였다는 이율배반이다. 짧았는데 지루했다고 한 것도 이율배반이다. 순한 눈으로 보기에 세상은 맵지만, 그렇다고 흘겨볼 수만은 없는 것도 세상이 아닌가. 이율배반은 우리 삶의 본질일지도 모른다. 아픔에만 머물러 있을 수는 없다. 문득 짧은 글에서 폭소가 터진다. 그가 걱정한다. 시집에 술 이야기가 너무 많은 것 아냐? 나는 괜찮다고 했다.

    구름은 태양과 노을과
    바다는 산과 달과
    밤은 별과 꿈과

대지는 나무와 풀과 꽃과
바람은 하늘과 새와
삶은 죽음과
죽음은 삶과
서로 맺은 약속이 있었다
우주의 모든 것이 한 바늘에 꿰인
거대한 가족이라는
무서운 약속이 있었다

시집은 <약속이 있었다>로 맺는다. 나는 그가 약속을 지켜야 할 누군가에 대한 책임 때문에 자꾸 마신다고 짐작한다. 약속을 지켜야 할 그 누구란 아버지, 어머니 혹은 하늘이라는 이름의 동일한 실체가 아닐까? 자신의 가치관의 크기와 무게에 따라 스스로 채운 족쇄 말이다. 우리가 오토바이를 타고 나설 때 따라나선 그림자가 아직도 따라다닌다. 동경과 그리움으로 남은 실체 없는 실체 말이다.

페이지 편집 중. 양평 집에서 아내가 찍었다.

윤승호 시집 숲에서

책을 맺으며

윤 승 호

몇 번인가 접었던 시를 다시 시작했다. 특별한 이유가 있겠는가마는 나이 들면서 생긴 변화가 하나 있긴 하다. 마음속에 끼워진 필터를 새 걸로 바꾼 것이다. 먼저 것은 올이 촘촘한 것인데 너무 많은 것이 걸러지다 보니 자주 막히기도 했다. 올이 성근 새로 끼운 필터는 마음에 걸리는 게 별반 없어 여간 편한 게 아니다. 해서 사물도 편하게 보이고 세상의 여러 현상들도 견딜만하다. 가령 막히는 도로에서 무턱대고 끼어드는 몰염치한 차들도 이제는 참을만하다. 단지 뒤차에서 울리는 질책성 경적이 좀 따가울 뿐이다.

양평 집 입구에 있는 긴 논둑길에는 봄이면 이름 모를 작은 노란색 풀꽃이 지천으로 핀다. 아내는 이 꽃을 '병아리꽃'이라 이름 지었다. 아무도 눈여겨보지 않는 논두렁에서 그저 평범한 풀꽃으로 왔다가 풀꽃으로 사라지는 그들의 의젓하고 건강한 삶이 나는 좋다. 나의 삶도 그랬으면 좋겠다는 바람이다.

이번에 '병아리 꽃' 한 삽을 퍼서 시집에다 옮겼다. 이 삽질에 용기를 주신 김아타 님과 평생 뒷골목을 끌고 다니다 무슨 일로 이 시집을 내주신 진묵 형께 감사드린다. 이 책 끝까지 등단 사실을 밝히지 않은 괘씸함을 벼르고 계실 문인귀 시인께도 감사를 드린다.

윤숭호 시집
숲에서

초판 인쇄 발행 2022년 10월 25일
2쇄 발행 2022년 11월 22일

지은이 윤숭호
펴낸이 김진묵
발행 형태 무선제본
펴낸곳 김진묵작업실
　　　　출판사신고확인증 제2020-000013호
　　　　주소 강원도 춘천시 향교옆길 13번길 14(2층)
　　　　birdofthesun@naver.com

ISBN 979-11-979611-2-0(03810)